My Self Care Journal

BELONGS TO:

_____

DEDICATION

This book is dedicated to all the amazing people who love Self Care out there!

You are my inspiration in producing books and I'm excited to help in the planning of incorporating self care into your day around the world!

How to Use this ULTIMATE Self Care Planner Notebook:

The purpose of this Self Care Planner is to keep all your various taking care of your activities and ideas organized in one easy to find spot.

Here are some simple guidelines to follow so you can make the most of using this book:

1. The first "Level 10 Life Goals" section is for you to write goals and list out Friends and Family, Business and Career, Romance, Finances, Faith so that you can track your own self care adventures.

2. Most ideas are inspired by something we have seen. Use the "Self Care Checklist" section to write down your monthly routines with check marks so you can go back there to be reminded later.

3. The "Monthly Mood Log" section is for you to write out and assign color codes for each mood experienced and a wheel to track each day are included.

4. Some ideas require listing them out, the "Gratitude Tracker" section is great for using the stepping stones to fill in the days you felt grateful.

5. Flip the page over and this is where your Workout Tracker and Goals information begins.

6. The "Grateful Heart" section is so you can list out People, Places, Memories and Personal Milestones that you are happy about....and be inspired to add to your gratitude journal and for each month after that.

7. And finally pages with a "Sleep Log" section for you to make entries about hours slept and track the number of hours of sleep by checking them off, and a special place for any notes for making dreams come true…..and much much more…

Have fun!

Level 10 LIFE GOALS

GIVE EACH NUMBER A DIFFERENT COLOR

1 Friends & Family

2 Romance

3 Faith

4 Personal Growth

5 Health & Fitness

6 Business & Career

7 Finances

8 Fun & Recreation

9 Community

10 Fitness

Level 10 LIFE GOALS

"If you can dream it, you can do it."
—Walt Disney

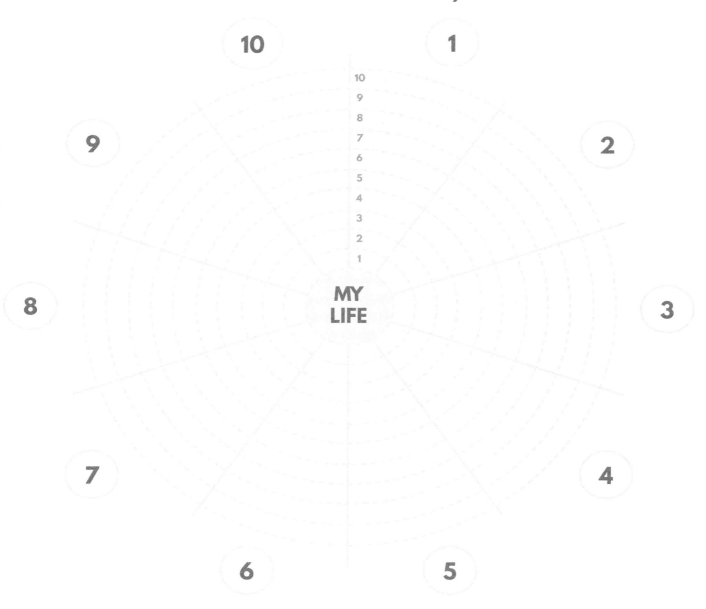

USE THE CHART ABOVE TO DOCUMENT YOUR PROGRESS AND EXPAND YOUR HORIZONS. MATCH COLORS WITH YOUR LIFE GOAL OVERVIEW.

Self Care CHECKLIST
JANUARY

MORNING ROUTINE

1 2 3 4 5 6 7 8 9 10 11 12 13 14 15 16 17 18 19 20 21 22 23 24 25 26 27 28 29 30 31

AFTERNOON ROUTINE

1 2 3 4 5 6 7 8 9 10 11 12 13 14 15 16 17 18 19 20 21 22 23 24 25 26 27 28 29 30 31

EVENING ROUTINE

1 2 3 4 5 6 7 8 9 10 11 12 13 14 15 16 17 18 19 20 21 22 23 24 25 26 27 28 29 30 31

MONTHLY REFLECTION

Monthly MOOD LOG

ASSIGNED COLOR CODES

HAPPY	SAD	TIRED

SICK	STRESSED	DEPRESSED

EXCITED	ANGRY	NERVOUS

ENERGETIC	FOCUSED	MOTIVATED

MONTH

1 2 3 4 5 6 7 8 9 10 11 12 13 14 15 16 17 18 19 20 21 22 23 24 25 26 27 28 29 30 31

Gratitude TRACKER

USE THE STEPPING BLOCKS BELOW TO FILL IN
THE DAYS WHERE YOU FELT GRATEFUL.

MONTH: _____

Workouts
✦ 31 DAY PLANNER ✦

FOCUS

MONTH	JAN	FEB	MAR	APR	MAY	JUN	JUL	AUG	SEP	OCT	NOV	DEC

TOP WORKOUT GOALS

DATE	WORKOUT SUMMARY	TIME	✓
1.			
2.			
3.			
4.			
5.			
6.			
7.			
8.			
9.			
10.			
11.			
12.			
13.			
14.			
15.			
16.			
17.			
18.			
19.			
20.			
21.			
22.			
23.			
24.			
25.			
26.			
27.			
28.			
29.			
30.			
31.			

FAVORITE WORKOUTS

NOTES

GRATEFUL *Heart*

WHAT I AM MOST GRATEFUL FOR

PEOPLE

1
2
3
4
5
6
7

PLACES

1
2
3
4
5
6
7

MEMORIES

1
2
3
4
5
6
7

PERSONAL MILESTONES

1
2
3
4
5
6
7

WORK LIFE

1
2
3
4
5
6
7

OTHER

1
2
3
4
5
6
7

Gratitude LOG

MONTH :

DAY   TODAY I AM GRATEFUL FOR:

1
2
3
4
5
6
7
8
9
10
11
12
13
14
15
16
17
18
19
20
21
22
23
24
25
26
27
28
29
30
31

SLEEP LOG

YEAR: MONTH:

DAY	HOURS SLEPT	NOTES
1	7 8 9 10 11 12 1 2 3 4 5 6 7 8 9 10 11 12 13	
2	7 8 9 10 11 12 1 2 3 4 5 6 7 8 9 10 11 12 13	
3	7 8 9 10 11 12 1 2 3 4 5 6 7 8 9 10 11 12 13	
4	7 8 9 10 11 12 1 2 3 4 5 6 7 8 9 10 11 12 13	
5	7 8 9 10 11 12 1 2 3 4 5 6 7 8 9 10 11 12 13	
6	7 8 9 10 11 12 1 2 3 4 5 6 7 8 9 10 11 12 13	
7	7 8 9 10 11 12 1 2 3 4 5 6 7 8 9 10 11 12 13	
8	7 8 9 10 11 12 1 2 3 4 5 6 7 8 9 10 11 12 13	
9	7 8 9 10 11 12 1 2 3 4 5 6 7 8 9 10 11 12 13	
10	7 8 9 10 11 12 1 2 3 4 5 6 7 8 9 10 11 12 13	
11	7 8 9 10 11 12 1 2 3 4 5 6 7 8 9 10 11 12 13	
12	7 8 9 10 11 12 1 2 3 4 5 6 7 8 9 10 11 12 13	
13	7 8 9 10 11 12 1 2 3 4 5 6 7 8 9 10 11 12 13	
14	7 8 9 10 11 12 1 2 3 4 5 6 7 8 9 10 11 12 13	
15	7 8 9 10 11 12 1 2 3 4 5 6 7 8 9 10 11 12 13	
16	7 8 9 10 11 12 1 2 3 4 5 6 7 8 9 10 11 12 13	
17	7 8 9 10 11 12 1 2 3 4 5 6 7 8 9 10 11 12 13	
18	7 8 9 10 11 12 1 2 3 4 5 6 7 8 9 10 11 12 13	
19	7 8 9 10 11 12 1 2 3 4 5 6 7 8 9 10 11 12 13	
20	7 8 9 10 11 12 1 2 3 4 5 6 7 8 9 10 11 12 13	
21	7 8 9 10 11 12 1 2 3 4 5 6 7 8 9 10 11 12 13	
22	7 8 9 10 11 12 1 2 3 4 5 6 7 8 9 10 11 12 13	
23	7 8 9 10 11 12 1 2 3 4 5 6 7 8 9 10 11 12 13	
24	7 8 9 10 11 12 1 2 3 4 5 6 7 8 9 10 11 12 13	
25	7 8 9 10 11 12 1 2 3 4 5 6 7 8 9 10 11 12 13	
26	7 8 9 10 11 12 1 2 3 4 5 6 7 8 9 10 11 12 13	
27	7 8 9 10 11 12 1 2 3 4 5 6 7 8 9 10 11 12 13	
28	7 8 9 10 11 12 1 2 3 4 5 6 7 8 9 10 11 12 13	
29	7 8 9 10 11 12 1 2 3 4 5 6 7 8 9 10 11 12 13	
30	7 8 9 10 11 12 1 2 3 4 5 6 7 8 9 10 11 12 13	
31	7 8 9 10 11 12 1 2 3 4 5 6 7 8 9 10 11 12 13	

Self Care Goals

TIME FRAME	MY GOALS	STEPS I'LL TAKE

Self Care CHECKLIST
FEBRUARY

MORNING ROUTINE

1 2 3 4 5 6 7 8 9 10 11 12 13 14 15 16 17 18 19 20 21 22 23 24 25 26 27 28 29

AFTERNOON ROUTINE

1 2 3 4 5 6 7 8 9 10 11 12 13 14 15 16 17 18 19 20 21 22 23 24 25 26 27 28 29

EVENING ROUTINE

1 2 3 4 5 6 7 8 9 10 11 12 13 14 15 16 17 18 19 20 21 22 23 24 25 26 27 28 29

MONTHLY REFLECTION

Monthly MOOD LOG

ASSIGNED COLOR CODES

HAPPY SAD TIRED

SICK STRESSED DEPRESSED

EXCITED ANGRY NERVOUS

ENERGETIC FOCUSED MOTIVATED

MONTH

1 2 3 4 5 6 7 8 9 10 11 12 13 14 15 16 17 18 19 20 21 22 23 24 25 26 27 28 29 30 31

Gratitude TRACKER

USE THE STEPPING BLOCKS BELOW TO FILL IN
THE DAYS WHERE YOU FELT GRATEFUL.

MONTH:

Workouts
✦ 31 DAY PLANNER ✦

FOCUS

MONTH	JAN	FEB	MAR	APR	MAY	JUN	JUL	AUG	SEP	OCT	NOV	DEC

TOP WORKOUT GOALS

DATE	WORKOUT SUMMARY	TIME	✓
1.			○
2.			○
3.			○
4.			○
5.			○
6.			○
7.			○
8.			○
9.			○
10.			○
11.			○
12.			○
13.			○
14.			○
15.			○
16.			○
17.			○
18.			○
19.			○
20.			○
21.			○
22.			○
23.			○
24.			○
25.			○
26.			○
27.			○
28.			○
29.			○
30.			○
31.			○

FAVORITE WORKOUTS

NOTES

GRATEFUL *Heart*

WHAT I AM MOST GRATEFUL FOR

PEOPLE

1.
2.
3.
4.
5.
6.
7.

PLACES

1.
2.
3.
4.
5.
6.
7.

MEMORIES

1.
2.
3.
4.
5.
6.
7.

PERSONAL MILESTONES

1.
2.
3.
4.
5.
6.
7.

WORK LIFE

1.
2.
3.
4.
5.
6.
7.

OTHER

1.
2.
3.
4.
5.
6.
7.

Gratitude LOG

MONTH :

DAY	TODAY I AM GRATEFUL FOR:
1	
2	
3	
4	
5	
6	
7	
8	
9	
10	
11	
12	
13	
14	
15	
16	
17	
18	
19	
20	
21	
22	
23	
24	
25	
26	
27	
28	
29	
30	
31	

SLEEP LOG

YEAR: MONTH:

DAY	HOURS SLEPT	NOTES
1	7 8 9 10 11 12 1 2 3 4 5 6 7 8 9 10 11 12 13	
2	7 8 9 10 11 12 1 2 3 4 5 6 7 8 9 10 11 12 13	
3	7 8 9 10 11 12 1 2 3 4 5 6 7 8 9 10 11 12 13	
4	7 8 9 10 11 12 1 2 3 4 5 6 7 8 9 10 11 12 13	
5	7 8 9 10 11 12 1 2 3 4 5 6 7 8 9 10 11 12 13	
6	7 8 9 10 11 12 1 2 3 4 5 6 7 8 9 10 11 12 13	
7	7 8 9 10 11 12 1 2 3 4 5 6 7 8 9 10 11 12 13	
8	7 8 9 10 11 12 1 2 3 4 5 6 7 8 9 10 11 12 13	
9	7 8 9 10 11 12 1 2 3 4 5 6 7 8 9 10 11 12 13	
10	7 8 9 10 11 12 1 2 3 4 5 6 7 8 9 10 11 12 13	
11	7 8 9 10 11 12 1 2 3 4 5 6 7 8 9 10 11 12 13	
12	7 8 9 10 11 12 1 2 3 4 5 6 7 8 9 10 11 12 13	
13	7 8 9 10 11 12 1 2 3 4 5 6 7 8 9 10 11 12 13	
14	7 8 9 10 11 12 1 2 3 4 5 6 7 8 9 10 11 12 13	
15	7 8 9 10 11 12 1 2 3 4 5 6 7 8 9 10 11 12 13	
16	7 8 9 10 11 12 1 2 3 4 5 6 7 8 9 10 11 12 13	
17	7 8 9 10 11 12 1 2 3 4 5 6 7 8 9 10 11 12 13	
18	7 8 9 10 11 12 1 2 3 4 5 6 7 8 9 10 11 12 13	
19	7 8 9 10 11 12 1 2 3 4 5 6 7 8 9 10 11 12 13	
20	7 8 9 10 11 12 1 2 3 4 5 6 7 8 9 10 11 12 13	
21	7 8 9 10 11 12 1 2 3 4 5 6 7 8 9 10 11 12 13	
22	7 8 9 10 11 12 1 2 3 4 5 6 7 8 9 10 11 12 13	
23	7 8 9 10 11 12 1 2 3 4 5 6 7 8 9 10 11 12 13	
24	7 8 9 10 11 12 1 2 3 4 5 6 7 8 9 10 11 12 13	
25	7 8 9 10 11 12 1 2 3 4 5 6 7 8 9 10 11 12 13	
26	7 8 9 10 11 12 1 2 3 4 5 6 7 8 9 10 11 12 13	
27	7 8 9 10 11 12 1 2 3 4 5 6 7 8 9 10 11 12 13	
28	7 8 9 10 11 12 1 2 3 4 5 6 7 8 9 10 11 12 13	
29	7 8 9 10 11 12 1 2 3 4 5 6 7 8 9 10 11 12 13	
30	7 8 9 10 11 12 1 2 3 4 5 6 7 8 9 10 11 12 13	
31	7 8 9 10 11 12 1 2 3 4 5 6 7 8 9 10 11 12 13	

Self Care CHECKLIST
MARCH

MORNING ROUTINE

1 2 3 4 5 6 7 8 9 10 11 12 13 14 15 16 17 18 19 20 21 22 23 24 25 26 27 28 29 30 31

AFTERNOON ROUTINE

1 2 3 4 5 6 7 8 9 10 11 12 13 14 15 16 17 18 19 20 21 22 23 24 25 26 27 28 29 30 31

EVENING ROUTINE

1 2 3 4 5 6 7 8 9 10 11 12 13 14 15 16 17 18 19 20 21 22 23 24 25 26 27 28 29 30 31

MONTHLY REFLECTION

Monthly MOOD LOG

ASSIGNED COLOR CODES

HAPPY	SAD	TIRED
SICK	STRESSED	DEPRESSED
EXCITED	ANGRY	NERVOUS
ENERGETIC	FOCUSED	MOTIVATED

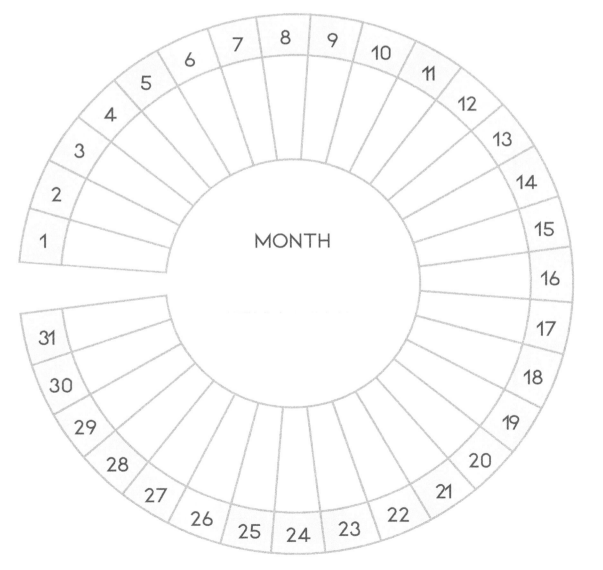

Gratitude TRACKER

USE THE STEPPING BLOCKS BELOW TO FILL IN THE DAYS WHERE YOU FELT GRATEFUL.

MONTH: _____

Level 10 LIFESTYLE

FAMILY & FRIENDS	PERSONAL GROWTH	CAREER/BUSINESS

CONTRIBUTION/GIVING	ROMANCE	FINANCES

ENVIRONMENT	SPIRITUALITY	HEALTH/FITNESS

Workouts
✦ 31 DAY PLANNER ✦

FOCUS

MONTH	JAN	FEB	MAR	APR	MAY	JUN	JUL	AUG	SEP	OCT	NOV	DEC

TOP WORKOUT GOALS

FAVORITE WORKOUTS

NOTES

DATE	WORKOUT SUMMARY	TIME	✓
1.			
2.			
3.			
4.			
5.			
6.			
7.			
8.			
9.			
10.			
11.			
12.			
13.			
14.			
15.			
16.			
17.			
18.			
19.			
20.			
21.			
22.			
23.			
24.			
25.			
26.			
27.			
28.			
29.			
30.			
31.			

GRATEFUL *Heart*

WHAT I AM MOST GRATEFUL FOR

PEOPLE

1.
2.
3.
4.
5.
6.
7.

PLACES

1.
2.
3.
4.
5.
6.
7.

MEMORIES

1.
2.
3.
4.
5.
6.
7.

PERSONAL MILESTONES

1.
2.
3.
4.
5.
6.
7.

WORK LIFE

1.
2.
3.
4.
5.
6.
7.

OTHER

1.
2.
3.
4.
5.
6.
7.

Gratitude LOG

MONTH :

DAY	TODAY I AM GRATEFUL FOR:
1	
2	
3	
4	
5	
6	
7	
8	
9	
10	
11	
12	
13	
14	
15	
16	
17	
18	
19	
20	
21	
22	
23	
24	
25	
26	
27	
28	
29	
30	
31	

SLEEP LOG

YEAR: MONTH:

DAY	HOURS SLEPT	NOTES
1	7 8 9 10 11 12 1 2 3 4 5 6 7 8 9 10 11 12 13	
2	7 8 9 10 11 12 1 2 3 4 5 6 7 8 9 10 11 12 13	
3	7 8 9 10 11 12 1 2 3 4 5 6 7 8 9 10 11 12 13	
4	7 8 9 10 11 12 1 2 3 4 5 6 7 8 9 10 11 12 13	
5	7 8 9 10 11 12 1 2 3 4 5 6 7 8 9 10 11 12 13	
6	7 8 9 10 11 12 1 2 3 4 5 6 7 8 9 10 11 12 13	
7	7 8 9 10 11 12 1 2 3 4 5 6 7 8 9 10 11 12 13	
8	7 8 9 10 11 12 1 2 3 4 5 6 7 8 9 10 11 12 13	
9	7 8 9 10 11 12 1 2 3 4 5 6 7 8 9 10 11 12 13	
10	7 8 9 10 11 12 1 2 3 4 5 6 7 8 9 10 11 12 13	
11	7 8 9 10 11 12 1 2 3 4 5 6 7 8 9 10 11 12 13	
12	7 8 9 10 11 12 1 2 3 4 5 6 7 8 9 10 11 12 13	
13	7 8 9 10 11 12 1 2 3 4 5 6 7 8 9 10 11 12 13	
14	7 8 9 10 11 12 1 2 3 4 5 6 7 8 9 10 11 12 13	
15	7 8 9 10 11 12 1 2 3 4 5 6 7 8 9 10 11 12 13	
16	7 8 9 10 11 12 1 2 3 4 5 6 7 8 9 10 11 12 13	
17	7 8 9 10 11 12 1 2 3 4 5 6 7 8 9 10 11 12 13	
18	7 8 9 10 11 12 1 2 3 4 5 6 7 8 9 10 11 12 13	
19	7 8 9 10 11 12 1 2 3 4 5 6 7 8 9 10 11 12 13	
20	7 8 9 10 11 12 1 2 3 4 5 6 7 8 9 10 11 12 13	
21	7 8 9 10 11 12 1 2 3 4 5 6 7 8 9 10 11 12 13	
22	7 8 9 10 11 12 1 2 3 4 5 6 7 8 9 10 11 12 13	
23	7 8 9 10 11 12 1 2 3 4 5 6 7 8 9 10 11 12 13	
24	7 8 9 10 11 12 1 2 3 4 5 6 7 8 9 10 11 12 13	
25	7 8 9 10 11 12 1 2 3 4 5 6 7 8 9 10 11 12 13	
26	7 8 9 10 11 12 1 2 3 4 5 6 7 8 9 10 11 12 13	
27	7 8 9 10 11 12 1 2 3 4 5 6 7 8 9 10 11 12 13	
28	7 8 9 10 11 12 1 2 3 4 5 6 7 8 9 10 11 12 13	
29	7 8 9 10 11 12 1 2 3 4 5 6 7 8 9 10 11 12 13	
30	7 8 9 10 11 12 1 2 3 4 5 6 7 8 9 10 11 12 13	
31	7 8 9 10 11 12 1 2 3 4 5 6 7 8 9 10 11 12 13	

Self Care CHECKLIST
APRIL

MORNING ROUTINE

1 2 3 4 5 6 7 8 9 10 11 12 13 14 15 16 17 18 19 20 21 22 23 24 25 26 27 28 29 30

AFTERNOON ROUTINE

1 2 3 4 5 6 7 8 9 10 11 12 13 14 15 16 17 18 19 20 21 22 23 24 25 26 27 28 29 30

EVENING ROUTINE

1 2 3 4 5 6 7 8 9 10 11 12 13 14 15 16 17 18 19 20 21 22 23 24 25 26 27 28 29 30

MONTHLY REFLECTION

Monthly MOOD LOG

ASSIGNED COLOR CODES

HAPPY	SAD	TIRED
SICK	STRESSED	DEPRESSED
EXCITED	ANGRY	NERVOUS
ENERGETIC	FOCUSED	MOTIVATED

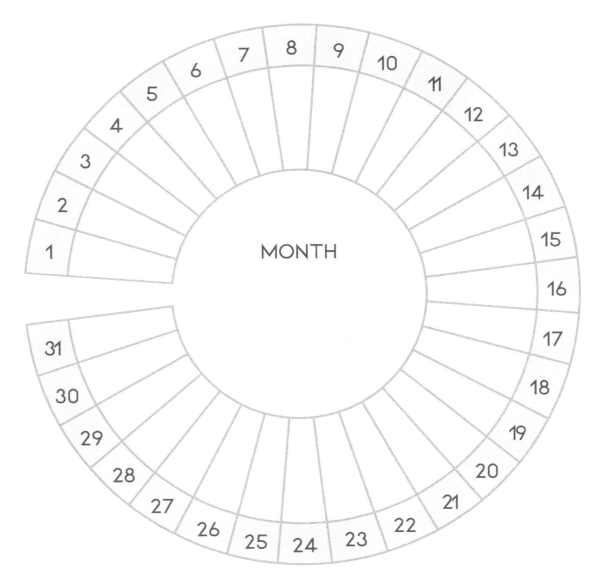

Gratitude TRACKER

USE THE STEPPING BLOCKS BELOW TO FILL IN
THE DAYS WHERE YOU FELT GRATEFUL.

MONTH: _____

Level 10 LIFESTYLE

FAMILY & FRIENDS	PERSONAL GROWTH	CAREER/BUSINESS

CONTRIBUTION/GIVING	ROMANCE	FINANCES

ENVIRONMENT	SPIRITUALITY	HEALTH/FITNESS

Workouts
✦ 31 DAY PLANNER ✦

FOCUS

MONTH	JAN	FEB	MAR	APR	MAY	JUN	JUL	AUG	SEP	OCT	NOV	DEC

TOP WORKOUT GOALS

FAVORITE WORKOUTS

NOTES

DATE	WORKOUT SUMMARY	TIME	✓
1.			
2.			
3.			
4.			
5.			
6.			
7.			
8.			
9.			
10.			
11.			
12.			
13.			
14.			
15.			
16.			
17.			
18.			
19.			
20.			
21.			
22.			
23.			
24.			
25.			
26.			
27.			
28.			
29.			
30.			
31.			

GRATEFUL *Heart*

WHAT I AM MOST GRATEFUL FOR

PEOPLE

1
2
3
4
5
6
7

PLACES

1
2
3
4
5
6
7

MEMORIES

1
2
3
4
5
6
7

PERSONAL MILESTONES

1
2
3
4
5
6
7

WORK LIFE

1
2
3
4
5
6
7

OTHER

1
2
3
4
5
6
7

Gratitude LOG

MONTH : _____

DAY	TODAY I AM GRATEFUL FOR:
1	
2	
3	
4	
5	
6	
7	
8	
9	
10	
11	
12	
13	
14	
15	
16	
17	
18	
19	
20	
21	
22	
23	
24	
25	
26	
27	
28	
29	
30	
31	

SLEEP LOG

YEAR: MONTH:

DAY	HOURS SLEPT	NOTES
1	7 8 9 10 11 12 1 2 3 4 5 6 7 8 9 10 11 12 13	
2	7 8 9 10 11 12 1 2 3 4 5 6 7 8 9 10 11 12 13	
3	7 8 9 10 11 12 1 2 3 4 5 6 7 8 9 10 11 12 13	
4	7 8 9 10 11 12 1 2 3 4 5 6 7 8 9 10 11 12 13	
5	7 8 9 10 11 12 1 2 3 4 5 6 7 8 9 10 11 12 13	
6	7 8 9 10 11 12 1 2 3 4 5 6 7 8 9 10 11 12 13	
7	7 8 9 10 11 12 1 2 3 4 5 6 7 8 9 10 11 12 13	
8	7 8 9 10 11 12 1 2 3 4 5 6 7 8 9 10 11 12 13	
9	7 8 9 10 11 12 1 2 3 4 5 6 7 8 9 10 11 12 13	
10	7 8 9 10 11 12 1 2 3 4 5 6 7 8 9 10 11 12 13	
11	7 8 9 10 11 12 1 2 3 4 5 6 7 8 9 10 11 12 13	
12	7 8 9 10 11 12 1 2 3 4 5 6 7 8 9 10 11 12 13	
13	7 8 9 10 11 12 1 2 3 4 5 6 7 8 9 10 11 12 13	
14	7 8 9 10 11 12 1 2 3 4 5 6 7 8 9 10 11 12 13	
15	7 8 9 10 11 12 1 2 3 4 5 6 7 8 9 10 11 12 13	
16	7 8 9 10 11 12 1 2 3 4 5 6 7 8 9 10 11 12 13	
17	7 8 9 10 11 12 1 2 3 4 5 6 7 8 9 10 11 12 13	
18	7 8 9 10 11 12 1 2 3 4 5 6 7 8 9 10 11 12 13	
19	7 8 9 10 11 12 1 2 3 4 5 6 7 8 9 10 11 12 13	
20	7 8 9 10 11 12 1 2 3 4 5 6 7 8 9 10 11 12 13	
21	7 8 9 10 11 12 1 2 3 4 5 6 7 8 9 10 11 12 13	
22	7 8 9 10 11 12 1 2 3 4 5 6 7 8 9 10 11 12 13	
23	7 8 9 10 11 12 1 2 3 4 5 6 7 8 9 10 11 12 13	
24	7 8 9 10 11 12 1 2 3 4 5 6 7 8 9 10 11 12 13	
25	7 8 9 10 11 12 1 2 3 4 5 6 7 8 9 10 11 12 13	
26	7 8 9 10 11 12 1 2 3 4 5 6 7 8 9 10 11 12 13	
27	7 8 9 10 11 12 1 2 3 4 5 6 7 8 9 10 11 12 13	
28	7 8 9 10 11 12 1 2 3 4 5 6 7 8 9 10 11 12 13	
29	7 8 9 10 11 12 1 2 3 4 5 6 7 8 9 10 11 12 13	
30	7 8 9 10 11 12 1 2 3 4 5 6 7 8 9 10 11 12 13	
31	7 8 9 10 11 12 1 2 3 4 5 6 7 8 9 10 11 12 13	

Self Care Goals

TIME FRAME	MY GOALS	STEPS I'LL TAKE

Self Care CHECKLIST
MAY

MORNING ROUTINE

1 2 3 4 5 6 7 8 9 10 11 12 13 14 15 16 17 18 19 20 21 22 23 24 25 26 27 28 29 30 31

AFTERNOON ROUTINE

1 2 3 4 5 6 7 8 9 10 11 12 13 14 15 16 17 18 19 20 21 22 23 24 25 26 27 28 29 30 31

EVENING ROUTINE

1 2 3 4 5 6 7 8 9 10 11 12 13 14 15 16 17 18 19 20 21 22 23 24 25 26 27 28 29 30 31

MONTHLY REFLECTION

Monthly MOOD LOG

ASSIGNED COLOR CODES

HAPPY   SAD   TIRED

SICK   STRESSED   DEPRESSED

EXCITED   ANGRY   NERVOUS

ENERGETIC   FOCUSED   MOTIVATED

MONTH

Gratitude TRACKER

USE THE STEPPING BLOCKS BELOW TO FILL IN
THE DAYS WHERE YOU FELT GRATEFUL.

MONTH: _____

Level 10 LIFESTYLE

FAMILY & FRIENDS	PERSONAL GROWTH	CAREER/BUSINESS

CONTRIBUTION/GIVING	ROMANCE	FINANCES

ENVIRONMENT	SPIRITUALITY	HEALTH/FITNESS

FOCUS

| MONTH | JAN | FEB | MAR | APR | MAY | JUN | JUL | AUG | SEP | OCT | NOV | DEC |

TOP WORKOUT GOALS

DATE	WORKOUT SUMMARY	TIME	✓
1.			
2.			
3.			
4.			
5.			
6.			
7.			
8.			
9.			
10.			
11.			
12.			
13.			
14.			
15.			
16.			
17.			
18.			
19.			
20.			
21.			
22.			
23.			
24.			
25.			
26.			
27.			
28.			
29.			
30.			
31.			

FAVORITE WORKOUTS

NOTES

GRATEFUL *Heart*

WHAT I AM MOST GRATEFUL FOR

PEOPLE

1.
2.
3.
4.
5.
6.
7.

PLACES

1.
2.
3.
4.
5.
6.
7.

MEMORIES

1.
2.
3.
4.
5.
6.
7.

PERSONAL MILESTONES

1.
2.
3.
4.
5.
6.
7.

WORK LIFE

1.
2.
3.
4.
5.
6.
7.

OTHER

1.
2.
3.
4.
5.
6.
7.

Gratitude LOG

MONTH :

DAY — TODAY I AM GRATEFUL FOR:

1
2
3
4
5
6
7
8
9
10
11
12
13
14
15
16
17
18
19
20
21
22
23
24
25
26
27
28
29
30
31

SLEEP LOG

YEAR: MONTH:

DAY	HOURS SLEPT	NOTES
1	7 8 9 10 11 12 1 2 3 4 5 6 7 8 9 10 11 12 13	
2	7 8 9 10 11 12 1 2 3 4 5 6 7 8 9 10 11 12 13	
3	7 8 9 10 11 12 1 2 3 4 5 6 7 8 9 10 11 12 13	
4	7 8 9 10 11 12 1 2 3 4 5 6 7 8 9 10 11 12 13	
5	7 8 9 10 11 12 1 2 3 4 5 6 7 8 9 10 11 12 13	
6	7 8 9 10 11 12 1 2 3 4 5 6 7 8 9 10 11 12 13	
7	7 8 9 10 11 12 1 2 3 4 5 6 7 8 9 10 11 12 13	
8	7 8 9 10 11 12 1 2 3 4 5 6 7 8 9 10 11 12 13	
9	7 8 9 10 11 12 1 2 3 4 5 6 7 8 9 10 11 12 13	
10	7 8 9 10 11 12 1 2 3 4 5 6 7 8 9 10 11 12 13	
11	7 8 9 10 11 12 1 2 3 4 5 6 7 8 9 10 11 12 13	
12	7 8 9 10 11 12 1 2 3 4 5 6 7 8 9 10 11 12 13	
13	7 8 9 10 11 12 1 2 3 4 5 6 7 8 9 10 11 12 13	
14	7 8 9 10 11 12 1 2 3 4 5 6 7 8 9 10 11 12 13	
15	7 8 9 10 11 12 1 2 3 4 5 6 7 8 9 10 11 12 13	
16	7 8 9 10 11 12 1 2 3 4 5 6 7 8 9 10 11 12 13	
17	7 8 9 10 11 12 1 2 3 4 5 6 7 8 9 10 11 12 13	
18	7 8 9 10 11 12 1 2 3 4 5 6 7 8 9 10 11 12 13	
19	7 8 9 10 11 12 1 2 3 4 5 6 7 8 9 10 11 12 13	
20	7 8 9 10 11 12 1 2 3 4 5 6 7 8 9 10 11 12 13	
21	7 8 9 10 11 12 1 2 3 4 5 6 7 8 9 10 11 12 13	
22	7 8 9 10 11 12 1 2 3 4 5 6 7 8 9 10 11 12 13	
23	7 8 9 10 11 12 1 2 3 4 5 6 7 8 9 10 11 12 13	
24	7 8 9 10 11 12 1 2 3 4 5 6 7 8 9 10 11 12 13	
25	7 8 9 10 11 12 1 2 3 4 5 6 7 8 9 10 11 12 13	
26	7 8 9 10 11 12 1 2 3 4 5 6 7 8 9 10 11 12 13	
27	7 8 9 10 11 12 1 2 3 4 5 6 7 8 9 10 11 12 13	
28	7 8 9 10 11 12 1 2 3 4 5 6 7 8 9 10 11 12 13	
29	7 8 9 10 11 12 1 2 3 4 5 6 7 8 9 10 11 12 13	
30	7 8 9 10 11 12 1 2 3 4 5 6 7 8 9 10 11 12 13	
31	7 8 9 10 11 12 1 2 3 4 5 6 7 8 9 10 11 12 13	

Self Care Goals

TIME FRAME	MY GOALS	STEPS I'LL TAKE

Self Care Checklist
JUNE

MORNING ROUTINE

1 2 3 4 5 6 7 8 9 10 11 12 13 14 15 16 17 18 19 20 21 22 23 24 25 26 27 28 29 30

AFTERNOON ROUTINE

1 2 3 4 5 6 7 8 9 10 11 12 13 14 15 16 17 18 19 20 21 22 23 24 25 26 27 28 29 30

EVENING ROUTINE

1 2 3 4 5 6 7 8 9 10 11 12 13 14 15 16 17 18 19 20 21 22 23 24 25 26 27 28 29 30

MONTHLY REFLECTION

Monthly MOOD LOG

ASSIGNED COLOR CODES

HAPPY   SAD   TIRED

SICK   STRESSED DEPRESSED

EXCITED   ANGRY   NERVOUS

ENERGETIC FOCUSED   MOTIVATED

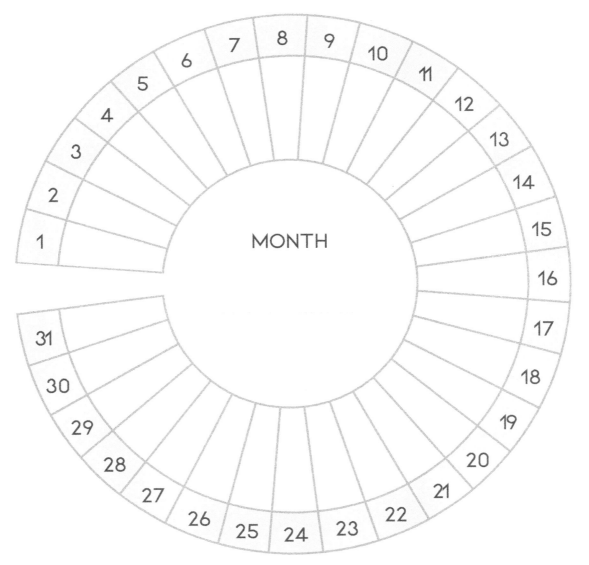

Gratitude *Tracker*

USE THE STEPPING BLOCKS BELOW TO FILL IN THE DAYS WHERE YOU FELT GRATEFUL.

MONTH: _____

Level 10 LIFESTYLE

FAMILY & FRIENDS	PERSONAL GROWTH	CAREER/BUSINESS

CONTRIBUTION/GIVING	ROMANCE	FINANCES

ENVIRONMENT	SPIRITUALITY	HEALTH/FITNESS

FOCUS

MONTH	JAN	FEB	MAR	APR	MAY	JUN	JUL	AUG	SEP	OCT	NOV	DEC

TOP WORKOUT GOALS

DATE	WORKOUT SUMMARY	TIME	✓
1.			
2.			
3.			
4.			
5.			
6.			
7.			
8.			
9.			
10.			
11.			
12.			
13.			
14.			
15.			
16.			
17.			
18.			
19.			
20.			
21.			
22.			
23.			
24.			
25.			
26.			
27.			
28.			
29.			
30.			
31.			

FAVORITE WORKOUTS

NOTES

GRATEFUL Heart

WHAT I AM MOST GRATEFUL FOR

PEOPLE

1
2
3
4
5
6
7

PLACES

1
2
3
4
5
6
7

MEMORIES

1
2
3
4
5
6
7

PERSONAL MILESTONES

1
2
3
4
5
6
7

WORK LIFE

1
2
3
4
5
6
7

OTHER

1
2
3
4
5
6
7

Gratitude LOG

MONTH :

DAY	TODAY I AM GRATEFUL FOR:
1	
2	
3	
4	
5	
6	
7	
8	
9	
10	
11	
12	
13	
14	
15	
16	
17	
18	
19	
20	
21	
22	
23	
24	
25	
26	
27	
28	
29	
30	
31	

SLEEP LOG

YEAR: MONTH:

DAY	HOURS SLEPT	NOTES
1	7 8 9 10 11 12 1 2 3 4 5 6 7 8 9 10 11 12 13	
2	7 8 9 10 11 12 1 2 3 4 5 6 7 8 9 10 11 12 13	
3	7 8 9 10 11 12 1 2 3 4 5 6 7 8 9 10 11 12 13	
4	7 8 9 10 11 12 1 2 3 4 5 6 7 8 9 10 11 12 13	
5	7 8 9 10 11 12 1 2 3 4 5 6 7 8 9 10 11 12 13	
6	7 8 9 10 11 12 1 2 3 4 5 6 7 8 9 10 11 12 13	
7	7 8 9 10 11 12 1 2 3 4 5 6 7 8 9 10 11 12 13	
8	7 8 9 10 11 12 1 2 3 4 5 6 7 8 9 10 11 12 13	
9	7 8 9 10 11 12 1 2 3 4 5 6 7 8 9 10 11 12 13	
10	7 8 9 10 11 12 1 2 3 4 5 6 7 8 9 10 11 12 13	
11	7 8 9 10 11 12 1 2 3 4 5 6 7 8 9 10 11 12 13	
12	7 8 9 10 11 12 1 2 3 4 5 6 7 8 9 10 11 12 13	
13	7 8 9 10 11 12 1 2 3 4 5 6 7 8 9 10 11 12 13	
14	7 8 9 10 11 12 1 2 3 4 5 6 7 8 9 10 11 12 13	
15	7 8 9 10 11 12 1 2 3 4 5 6 7 8 9 10 11 12 13	
16	7 8 9 10 11 12 1 2 3 4 5 6 7 8 9 10 11 12 13	
17	7 8 9 10 11 12 1 2 3 4 5 6 7 8 9 10 11 12 13	
18	7 8 9 10 11 12 1 2 3 4 5 6 7 8 9 10 11 12 13	
19	7 8 9 10 11 12 1 2 3 4 5 6 7 8 9 10 11 12 13	
20	7 8 9 10 11 12 1 2 3 4 5 6 7 8 9 10 11 12 13	
21	7 8 9 10 11 12 1 2 3 4 5 6 7 8 9 10 11 12 13	
22	7 8 9 10 11 12 1 2 3 4 5 6 7 8 9 10 11 12 13	
23	7 8 9 10 11 12 1 2 3 4 5 6 7 8 9 10 11 12 13	
24	7 8 9 10 11 12 1 2 3 4 5 6 7 8 9 10 11 12 13	
25	7 8 9 10 11 12 1 2 3 4 5 6 7 8 9 10 11 12 13	
26	7 8 9 10 11 12 1 2 3 4 5 6 7 8 9 10 11 12 13	
27	7 8 9 10 11 12 1 2 3 4 5 6 7 8 9 10 11 12 13	
28	7 8 9 10 11 12 1 2 3 4 5 6 7 8 9 10 11 12 13	
29	7 8 9 10 11 12 1 2 3 4 5 6 7 8 9 10 11 12 13	
30	7 8 9 10 11 12 1 2 3 4 5 6 7 8 9 10 11 12 13	
31	7 8 9 10 11 12 1 2 3 4 5 6 7 8 9 10 11 12 13	

Self Care CHECKLIST

JULY

MORNING ROUTINE

1 2 3 4 5 6 7 8 9 10 11 12 13 14 15 16 17 18 19 20 21 22 23 24 25 26 27 28 29 30 31

AFTERNOON ROUTINE

1 2 3 4 5 6 7 8 9 10 11 12 13 14 15 16 17 18 19 20 21 22 23 24 25 26 27 28 29 30 31

EVENING ROUTINE

1 2 3 4 5 6 7 8 9 10 11 12 13 14 15 16 17 18 19 20 21 22 23 24 25 26 27 28 29 30 31

MONTHLY REFLECTION

Monthly MOOD LOG

ASSIGNED COLOR CODES

HAPPY	SAD	TIRED
SICK	STRESSED	DEPRESSED
EXCITED	ANGRY	NERVOUS
ENERGETIC	FOCUSED	MOTIVATED

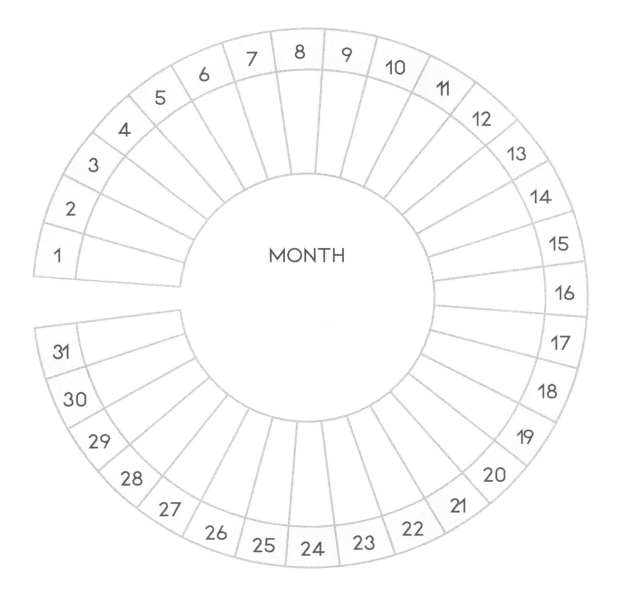

MONTH

Gratitude TRACKER

USE THE STEPPING BLOCKS BELOW TO FILL IN THE DAYS WHERE YOU FELT GRATEFUL.

MONTH: _____

Level 10 LIFESTYLE

FAMILY & FRIENDS	PERSONAL GROWTH	CAREER/BUSINESS

CONTRIBUTION/GIVING	ROMANCE	FINANCES

ENVIRONMENT	SPIRITUALITY	HEALTH/FITNESS

Workouts
✦ 31 DAY PLANNER ✦

FOCUS

MONTH	JAN	FEB	MAR	APR	MAY	JUN	JUL	AUG	SEP	OCT	NOV	DEC

TOP WORKOUT GOALS

DATE	WORKOUT SUMMARY	TIME	✓
1.			
2.			
3.			
4.			
5.			
6.			
7.			
8.			
9.			
10.			
11.			
12.			
13.			
14.			
15.			
16.			
17.			
18.			
19.			
20.			
21.			
22.			
23.			
24.			
25.			
26.			
27.			
28.			
29.			
30.			
31.			

FAVORITE WORKOUTS

NOTES

GRATEFUL Heart

WHAT I AM MOST GRATEFUL FOR

PEOPLE

1.
2.
3.
4.
5.
6.
7.

PLACES

1.
2.
3.
4.
5.
6.
7.

MEMORIES

1.
2.
3.
4.
5.
6.
7.

PERSONAL MILESTONES

1.
2.
3.
4.
5.
6.
7.

WORK LIFE

1.
2.
3.
4.
5.
6.
7.

OTHER

1.
2.
3.
4.
5.
6.
7.

Gratitude LOG

MONTH :

DAY	TODAY I AM GRATEFUL FOR:
1	
2	
3	
4	
5	
6	
7	
8	
9	
10	
11	
12	
13	
14	
15	
16	
17	
18	
19	
20	
21	
22	
23	
24	
25	
26	
27	
28	
29	
30	
31	

SLEEP LOG

YEAR:　　　　　MONTH:

DAY	HOURS SLEPT	NOTES
1	7 8 9 10 11 12 1 2 3 4 5 6 7 8 9 10 11 12 13	
2	7 8 9 10 11 12 1 2 3 4 5 6 7 8 9 10 11 12 13	
3	7 8 9 10 11 12 1 2 3 4 5 6 7 8 9 10 11 12 13	
4	7 8 9 10 11 12 1 2 3 4 5 6 7 8 9 10 11 12 13	
5	7 8 9 10 11 12 1 2 3 4 5 6 7 8 9 10 11 12 13	
6	7 8 9 10 11 12 1 2 3 4 5 6 7 8 9 10 11 12 13	
7	7 8 9 10 11 12 1 2 3 4 5 6 7 8 9 10 11 12 13	
8	7 8 9 10 11 12 1 2 3 4 5 6 7 8 9 10 11 12 13	
9	7 8 9 10 11 12 1 2 3 4 5 6 7 8 9 10 11 12 13	
10	7 8 9 10 11 12 1 2 3 4 5 6 7 8 9 10 11 12 13	
11	7 8 9 10 11 12 1 2 3 4 5 6 7 8 9 10 11 12 13	
12	7 8 9 10 11 12 1 2 3 4 5 6 7 8 9 10 11 12 13	
13	7 8 9 10 11 12 1 2 3 4 5 6 7 8 9 10 11 12 13	
14	7 8 9 10 11 12 1 2 3 4 5 6 7 8 9 10 11 12 13	
15	7 8 9 10 11 12 1 2 3 4 5 6 7 8 9 10 11 12 13	
16	7 8 9 10 11 12 1 2 3 4 5 6 7 8 9 10 11 12 13	
17	7 8 9 10 11 12 1 2 3 4 5 6 7 8 9 10 11 12 13	
18	7 8 9 10 11 12 1 2 3 4 5 6 7 8 9 10 11 12 13	
19	7 8 9 10 11 12 1 2 3 4 5 6 7 8 9 10 11 12 13	
20	7 8 9 10 11 12 1 2 3 4 5 6 7 8 9 10 11 12 13	
21	7 8 9 10 11 12 1 2 3 4 5 6 7 8 9 10 11 12 13	
22	7 8 9 10 11 12 1 2 3 4 5 6 7 8 9 10 11 12 13	
23	7 8 9 10 11 12 1 2 3 4 5 6 7 8 9 10 11 12 13	
24	7 8 9 10 11 12 1 2 3 4 5 6 7 8 9 10 11 12 13	
25	7 8 9 10 11 12 1 2 3 4 5 6 7 8 9 10 11 12 13	
26	7 8 9 10 11 12 1 2 3 4 5 6 7 8 9 10 11 12 13	
27	7 8 9 10 11 12 1 2 3 4 5 6 7 8 9 10 11 12 13	
28	7 8 9 10 11 12 1 2 3 4 5 6 7 8 9 10 11 12 13	
29	7 8 9 10 11 12 1 2 3 4 5 6 7 8 9 10 11 12 13	
30	7 8 9 10 11 12 1 2 3 4 5 6 7 8 9 10 11 12 13	
31	7 8 9 10 11 12 1 2 3 4 5 6 7 8 9 10 11 12 13	

Self Care CHECKLIST
AUGUST

MORNING ROUTINE

1 2 3 4 5 6 7 8 9 10 11 12 13 14 15 16 17 18 19 20 21 22 23 24 25 26 27 28 29 30 31

AFTERNOON ROUTINE

1 2 3 4 5 6 7 8 9 10 11 12 13 14 15 16 17 18 19 20 21 22 23 24 25 26 27 28 29 30 31

EVENING ROUTINE

1 2 3 4 5 6 7 8 9 10 11 12 13 14 15 16 17 18 19 20 21 22 23 24 25 26 27 28 29 30 31

MONTHLY REFLECTION

Monthly MOOD LOG

ASSIGNED COLOR CODES

HAPPY	SAD	TIRED
SICK	STRESSED	DEPRESSED
EXCITED	ANGRY	NERVOUS
ENERGETIC	FOCUSED	MOTIVATED

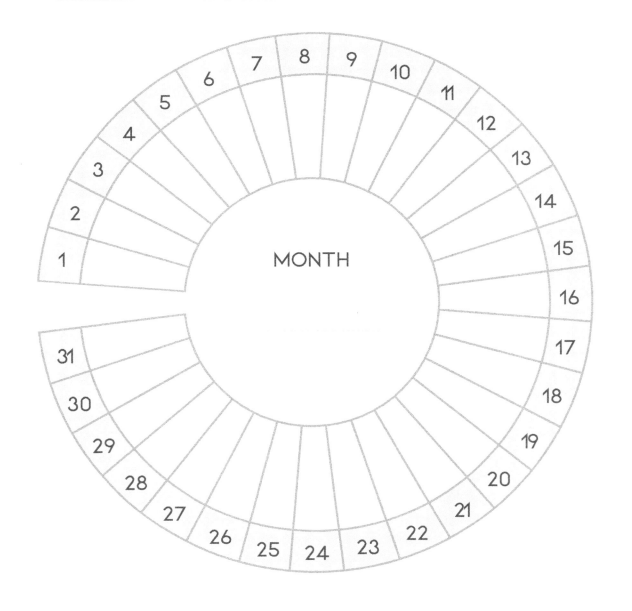

Gratitude TRACKER

USE THE STEPPING BLOCKS BELOW TO FILL IN
THE DAYS WHERE YOU FELT GRATEFUL.

MONTH:

Level 10 LIFESTYLE

FAMILY & FRIENDS	PERSONAL GROWTH	CAREER/BUSINESS

CONTRIBUTION/GIVING	ROMANCE	FINANCES

ENVIRONMENT	SPIRITUALITY	HEALTH/FITNESS

Workouts
✦ 31 DAY PLANNER ✦

FOCUS

MONTH	JAN	FEB	MAR	APR	MAY	JUN	JUL	AUG	SEP	OCT	NOV	DEC

TOP WORKOUT GOALS

FAVORITE WORKOUTS

NOTES

DATE	WORKOUT SUMMARY	TIME	✓
1.			
2.			
3.			
4.			
5.			
6.			
7.			
8.			
9.			
10.			
11.			
12.			
13.			
14.			
15.			
16.			
17.			
18.			
19.			
20.			
21.			
22.			
23.			
24.			
25.			
26.			
27.			
28.			
29.			
30.			
31.			

GRATEFUL *Heart*

WHAT I AM MOST GRATEFUL FOR

PEOPLE

1.
2.
3.
4.
5.
6.
7.

PLACES

1.
2.
3.
4.
5.
6.
7.

MEMORIES

1.
2.
3.
4.
5.
6.
7.

PERSONAL MILESTONES

1.
2.
3.
4.
5.
6.
7.

WORK LIFE

1.
2.
3.
4.
5.
6.
7.

OTHER

1.
2.
3.
4.
5.
6.
7.

Gratitude LOG

MONTH: _____

DAY	TODAY I AM GRATEFUL FOR:
1	
2	
3	
4	
5	
6	
7	
8	
9	
10	
11	
12	
13	
14	
15	
16	
17	
18	
19	
20	
21	
22	
23	
24	
25	
26	
27	
28	
29	
30	
31	

SLEEP LOG

YEAR: MONTH:

DAY	HOURS SLEPT	NOTES
1	7 8 9 10 11 12 1 2 3 4 5 6 7 8 9 10 11 12 13	
2	7 8 9 10 11 12 1 2 3 4 5 6 7 8 9 10 11 12 13	
3	7 8 9 10 11 12 1 2 3 4 5 6 7 8 9 10 11 12 13	
4	7 8 9 10 11 12 1 2 3 4 5 6 7 8 9 10 11 12 13	
5	7 8 9 10 11 12 1 2 3 4 5 6 7 8 9 10 11 12 13	
6	7 8 9 10 11 12 1 2 3 4 5 6 7 8 9 10 11 12 13	
7	7 8 9 10 11 12 1 2 3 4 5 6 7 8 9 10 11 12 13	
8	7 8 9 10 11 12 1 2 3 4 5 6 7 8 9 10 11 12 13	
9	7 8 9 10 11 12 1 2 3 4 5 6 7 8 9 10 11 12 13	
10	7 8 9 10 11 12 1 2 3 4 5 6 7 8 9 10 11 12 13	
11	7 8 9 10 11 12 1 2 3 4 5 6 7 8 9 10 11 12 13	
12	7 8 9 10 11 12 1 2 3 4 5 6 7 8 9 10 11 12 13	
13	7 8 9 10 11 12 1 2 3 4 5 6 7 8 9 10 11 12 13	
14	7 8 9 10 11 12 1 2 3 4 5 6 7 8 9 10 11 12 13	
15	7 8 9 10 11 12 1 2 3 4 5 6 7 8 9 10 11 12 13	
16	7 8 9 10 11 12 1 2 3 4 5 6 7 8 9 10 11 12 13	
17	7 8 9 10 11 12 1 2 3 4 5 6 7 8 9 10 11 12 13	
18	7 8 9 10 11 12 1 2 3 4 5 6 7 8 9 10 11 12 13	
19	7 8 9 10 11 12 1 2 3 4 5 6 7 8 9 10 11 12 13	
20	7 8 9 10 11 12 1 2 3 4 5 6 7 8 9 10 11 12 13	
21	7 8 9 10 11 12 1 2 3 4 5 6 7 8 9 10 11 12 13	
22	7 8 9 10 11 12 1 2 3 4 5 6 7 8 9 10 11 12 13	
23	7 8 9 10 11 12 1 2 3 4 5 6 7 8 9 10 11 12 13	
24	7 8 9 10 11 12 1 2 3 4 5 6 7 8 9 10 11 12 13	
25	7 8 9 10 11 12 1 2 3 4 5 6 7 8 9 10 11 12 13	
26	7 8 9 10 11 12 1 2 3 4 5 6 7 8 9 10 11 12 13	
27	7 8 9 10 11 12 1 2 3 4 5 6 7 8 9 10 11 12 13	
28	7 8 9 10 11 12 1 2 3 4 5 6 7 8 9 10 11 12 13	
29	7 8 9 10 11 12 1 2 3 4 5 6 7 8 9 10 11 12 13	
30	7 8 9 10 11 12 1 2 3 4 5 6 7 8 9 10 11 12 13	
31	7 8 9 10 11 12 1 2 3 4 5 6 7 8 9 10 11 12 13	

Self Care CHECKLIST
SEPTEMBER

MORNING ROUTINE

1 2 3 4 5 6 7 8 9 10 11 12 13 14 15 16 17 18 19 20 21 22 23 24 25 26 27 28 29 30

AFTERNOON ROUTINE

1 2 3 4 5 6 7 8 9 10 11 12 13 14 15 16 17 18 19 20 21 22 23 24 25 26 27 28 29 30

EVENING ROUTINE

1 2 3 4 5 6 7 8 9 10 11 12 13 14 15 16 17 18 19 20 21 22 23 24 25 26 27 28 29 30

MONTHLY REFLECTION

Monthly MOOD LOG

ASSIGNED COLOR CODES

HAPPY   SAD   TIRED

SICK   STRESSED   DEPRESSED

EXCITED   ANGRY   NERVOUS

ENERGETIC   FOCUSED   MOTIVATED

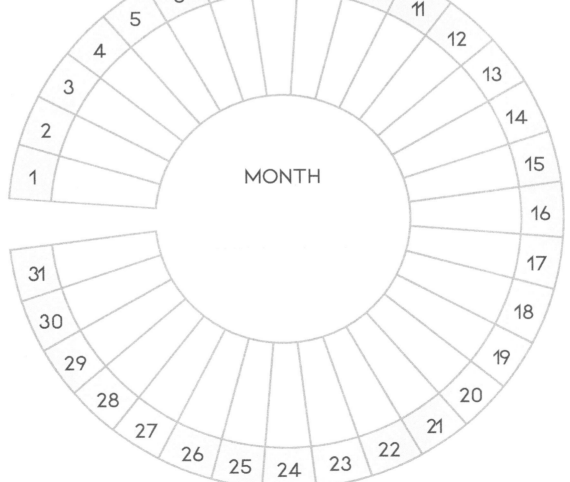

Gratitude TRACKER

USE THE STEPPING BLOCKS BELOW TO FILL IN THE DAYS WHERE YOU FELT GRATEFUL.

MONTH: _____

Level 10 LIFESTYLE

FAMILY & FRIENDS	PERSONAL GROWTH	CAREER/BUSINESS

CONTRIBUTION/GIVING	ROMANCE	FINANCES

ENVIRONMENT	SPIRITUALITY	HEALTH/FITNESS

Workouts
✦ 31 DAY PLANNER ✦

FOCUS

MONTH	JAN	FEB	MAR	APR	MAY	JUN	JUL	AUG	SEP	OCT	NOV	DEC

TOP WORKOUT GOALS

FAVORITE WORKOUTS

NOTES

DATE	WORKOUT SUMMARY	TIME	✓
1.			
2.			
3.			
4.			
5.			
6.			
7.			
8.			
9.			
10.			
11.			
12.			
13.			
14.			
15.			
16.			
17.			
18.			
19.			
20.			
21.			
22.			
23.			
24.			
25.			
26.			
27.			
28.			
29.			
30.			
31.			

GRATEFUL Heart

WHAT I AM MOST GRATEFUL FOR

PEOPLE

1.
2.
3.
4.
5.
6.
7.

PLACES

1.
2.
3.
4.
5.
6.
7.

MEMORIES

1.
2.
3.
4.
5.
6.
7.

PERSONAL MILESTONES

1.
2.
3.
4.
5.
6.
7.

WORK LIFE

1.
2.
3.
4.
5.
6.
7.

OTHER

1.
2.
3.
4.
5.
6.
7.

Gratitude LOG

MONTH :

DAY — TODAY I AM GRATEFUL FOR:

1
2
3
4
5
6
7
8
9
10
11
12
13
14
15
16
17
18
19
20
21
22
23
24
25
26
27
28
29
30
31

SLEEP LOG

YEAR: MONTH:

DAY	HOURS SLEPT	NOTES
1	7 8 9 10 11 12 1 2 3 4 5 6 7 8 9 10 11 12 13	
2	7 8 9 10 11 12 1 2 3 4 5 6 7 8 9 10 11 12 13	
3	7 8 9 10 11 12 1 2 3 4 5 6 7 8 9 10 11 12 13	
4	7 8 9 10 11 12 1 2 3 4 5 6 7 8 9 10 11 12 13	
5	7 8 9 10 11 12 1 2 3 4 5 6 7 8 9 10 11 12 13	
6	7 8 9 10 11 12 1 2 3 4 5 6 7 8 9 10 11 12 13	
7	7 8 9 10 11 12 1 2 3 4 5 6 7 8 9 10 11 12 13	
8	7 8 9 10 11 12 1 2 3 4 5 6 7 8 9 10 11 12 13	
9	7 8 9 10 11 12 1 2 3 4 5 6 7 8 9 10 11 12 13	
10	7 8 9 10 11 12 1 2 3 4 5 6 7 8 9 10 11 12 13	
11	7 8 9 10 11 12 1 2 3 4 5 6 7 8 9 10 11 12 13	
12	7 8 9 10 11 12 1 2 3 4 5 6 7 8 9 10 11 12 13	
13	7 8 9 10 11 12 1 2 3 4 5 6 7 8 9 10 11 12 13	
14	7 8 9 10 11 12 1 2 3 4 5 6 7 8 9 10 11 12 13	
15	7 8 9 10 11 12 1 2 3 4 5 6 7 8 9 10 11 12 13	
16	7 8 9 10 11 12 1 2 3 4 5 6 7 8 9 10 11 12 13	
17	7 8 9 10 11 12 1 2 3 4 5 6 7 8 9 10 11 12 13	
18	7 8 9 10 11 12 1 2 3 4 5 6 7 8 9 10 11 12 13	
19	7 8 9 10 11 12 1 2 3 4 5 6 7 8 9 10 11 12 13	
20	7 8 9 10 11 12 1 2 3 4 5 6 7 8 9 10 11 12 13	
21	7 8 9 10 11 12 1 2 3 4 5 6 7 8 9 10 11 12 13	
22	7 8 9 10 11 12 1 2 3 4 5 6 7 8 9 10 11 12 13	
23	7 8 9 10 11 12 1 2 3 4 5 6 7 8 9 10 11 12 13	
24	7 8 9 10 11 12 1 2 3 4 5 6 7 8 9 10 11 12 13	
25	7 8 9 10 11 12 1 2 3 4 5 6 7 8 9 10 11 12 13	
26	7 8 9 10 11 12 1 2 3 4 5 6 7 8 9 10 11 12 13	
27	7 8 9 10 11 12 1 2 3 4 5 6 7 8 9 10 11 12 13	
28	7 8 9 10 11 12 1 2 3 4 5 6 7 8 9 10 11 12 13	
29	7 8 9 10 11 12 1 2 3 4 5 6 7 8 9 10 11 12 13	
30	7 8 9 10 11 12 1 2 3 4 5 6 7 8 9 10 11 12 13	
31	7 8 9 10 11 12 1 2 3 4 5 6 7 8 9 10 11 12 13	

Self Care Goals

TIME FRAME	MY GOALS	STEPS I'LL TAKE

Self Care CHECKLIST
OCTOBER

MORNING ROUTINE

1 2 3 4 5 6 7 8 9 10 11 12 13 14 15 16 17 18 19 20 21 22 23 24 25 26 27 28 29 30 31

AFTERNOON ROUTINE

1 2 3 4 5 6 7 8 9 10 11 12 13 14 15 16 17 18 19 20 21 22 23 24 25 26 27 28 29 30 31

EVENING ROUTINE

1 2 3 4 5 6 7 8 9 10 11 12 13 14 15 16 17 18 19 20 21 22 23 24 25 26 27 28 29 30 31

MONTHLY REFLECTION

Monthly MOOD LOG

ASSIGNED COLOR CODES

HAPPY   SAD   TIRED

SICK   STRESSED   DEPRESSED

EXCITED   ANGRY   NERVOUS

ENERGETIC FOCUSED   MOTIVATED

MONTH

1 2 3 4 5 6 7 8 9 10 11 12 13 14 15 16 17 18 19 20 21 22 23 24 25 26 27 28 29 30 31

Gratitude TRACKER

USE THE STEPPING BLOCKS BELOW TO FILL IN
THE DAYS WHERE YOU FELT GRATEFUL.

MONTH: _____

Level 10 LIFESTYLE

FAMILY & FRIENDS	PERSONAL GROWTH	CAREER/BUSINESS

CONTRIBUTION/GIVING	ROMANCE	FINANCES

ENVIRONMENT	SPIRITUALITY	HEALTH/FITNESS

FOCUS

| MONTH | JAN | FEB | MAR | APR | MAY | JUN | JUL | AUG | SEP | OCT | NOV | DEC |

TOP WORKOUT GOALS

DATE	WORKOUT SUMMARY	TIME	✓
1.			
2.			
3.			
4.			
5.			
6.			
7.			
8.			
9.			
10.			
11.			
12.			
13.			
14.			
15.			
16.			
17.			
18.			
19.			
20.			
21.			
22.			
23.			
24.			
25.			
26.			
27.			
28.			
29.			
30.			
31.			

FAVORITE WORKOUTS

NOTES

GRATEFUL *Heart*

WHAT I AM MOST GRATEFUL FOR

PEOPLE

1.
2.
3.
4.
5.
6.
7.

PLACES

1.
2.
3.
4.
5.
6.
7.

MEMORIES

1.
2.
3.
4.
5.
6.
7.

PERSONAL MILESTONES

1.
2.
3.
4.
5.
6.
7.

WORK LIFE

1.
2.
3.
4.
5.
6.
7.

OTHER

1.
2.
3.
4.
5.
6.
7.

Gratitude LOG

MONTH :

DAY	TODAY I AM GRATEFUL FOR:
1	
2	
3	
4	
5	
6	
7	
8	
9	
10	
11	
12	
13	
14	
15	
16	
17	
18	
19	
20	
21	
22	
23	
24	
25	
26	
27	
28	
29	
30	
31	

SLEEP LOG

YEAR: MONTH:

DAY	HOURS SLEPT	NOTES
1	7 8 9 10 11 12 1 2 3 4 5 6 7 8 9 10 11 12 13	
2	7 8 9 10 11 12 1 2 3 4 5 6 7 8 9 10 11 12 13	
3	7 8 9 10 11 12 1 2 3 4 5 6 7 8 9 10 11 12 13	
4	7 8 9 10 11 12 1 2 3 4 5 6 7 8 9 10 11 12 13	
5	7 8 9 10 11 12 1 2 3 4 5 6 7 8 9 10 11 12 13	
6	7 8 9 10 11 12 1 2 3 4 5 6 7 8 9 10 11 12 13	
7	7 8 9 10 11 12 1 2 3 4 5 6 7 8 9 10 11 12 13	
8	7 8 9 10 11 12 1 2 3 4 5 6 7 8 9 10 11 12 13	
9	7 8 9 10 11 12 1 2 3 4 5 6 7 8 9 10 11 12 13	
10	7 8 9 10 11 12 1 2 3 4 5 6 7 8 9 10 11 12 13	
11	7 8 9 10 11 12 1 2 3 4 5 6 7 8 9 10 11 12 13	
12	7 8 9 10 11 12 1 2 3 4 5 6 7 8 9 10 11 12 13	
13	7 8 9 10 11 12 1 2 3 4 5 6 7 8 9 10 11 12 13	
14	7 8 9 10 11 12 1 2 3 4 5 6 7 8 9 10 11 12 13	
15	7 8 9 10 11 12 1 2 3 4 5 6 7 8 9 10 11 12 13	
16	7 8 9 10 11 12 1 2 3 4 5 6 7 8 9 10 11 12 13	
17	7 8 9 10 11 12 1 2 3 4 5 6 7 8 9 10 11 12 13	
18	7 8 9 10 11 12 1 2 3 4 5 6 7 8 9 10 11 12 13	
19	7 8 9 10 11 12 1 2 3 4 5 6 7 8 9 10 11 12 13	
20	7 8 9 10 11 12 1 2 3 4 5 6 7 8 9 10 11 12 13	
21	7 8 9 10 11 12 1 2 3 4 5 6 7 8 9 10 11 12 13	
22	7 8 9 10 11 12 1 2 3 4 5 6 7 8 9 10 11 12 13	
23	7 8 9 10 11 12 1 2 3 4 5 6 7 8 9 10 11 12 13	
24	7 8 9 10 11 12 1 2 3 4 5 6 7 8 9 10 11 12 13	
25	7 8 9 10 11 12 1 2 3 4 5 6 7 8 9 10 11 12 13	
26	7 8 9 10 11 12 1 2 3 4 5 6 7 8 9 10 11 12 13	
27	7 8 9 10 11 12 1 2 3 4 5 6 7 8 9 10 11 12 13	
28	7 8 9 10 11 12 1 2 3 4 5 6 7 8 9 10 11 12 13	
29	7 8 9 10 11 12 1 2 3 4 5 6 7 8 9 10 11 12 13	
30	7 8 9 10 11 12 1 2 3 4 5 6 7 8 9 10 11 12 13	
31	7 8 9 10 11 12 1 2 3 4 5 6 7 8 9 10 11 12 13	

Self Care CHECKLIST

NOVEMBER

MORNING ROUTINE

1 2 3 4 5 6 7 8 9 10 11 12 13 14 15 16 17 18 19 20 21 22 23 24 25 26 27 28 29 30

AFTERNOON ROUTINE

1 2 3 4 5 6 7 8 9 10 11 12 13 14 15 16 17 18 19 20 21 22 23 24 25 26 27 28 29 30

EVENING ROUTINE

1 2 3 4 5 6 7 8 9 10 11 12 13 14 15 16 17 18 19 20 21 22 23 24 25 26 27 28 29 30

MONTHLY REFLECTION

Monthly MOOD LOG

ASSIGNED COLOR CODES

HAPPY	SAD	TIRED	
SICK	STRESSED	DEPRESSED	
EXCITED	ANGRY	NERVOUS	
ENERGETIC	FOCUSED	MOTIVATED	

MONTH

Gratitude TRACKER

USE THE STEPPING BLOCKS BELOW TO FILL IN
THE DAYS WHERE YOU FELT GRATEFUL.

MONTH:

Level 10 LIFESTYLE

FAMILY & FRIENDS	PERSONAL GROWTH	CAREER/BUSINESS

CONTRIBUTION/GIVING	ROMANCE	FINANCES

ENVIRONMENT	SPIRITUALITY	HEALTH/FITNESS

FOCUS

MONTH	JAN	FEB	MAR	APR	MAY	JUN	JUL	AUG	SEP	OCT	NOV	DEC

TOP WORKOUT GOALS

FAVORITE WORKOUTS

NOTES

DATE	WORKOUT SUMMARY	TIME	✓
1.			
2.			
3.			
4.			
5.			
6.			
7.			
8.			
9.			
10.			
11.			
12.			
13.			
14.			
15.			
16.			
17.			
18.			
19.			
20.			
21.			
22.			
23.			
24.			
25.			
26.			
27.			
28.			
29.			
30.			
31.			

WHAT I AM MOST GRATEFUL FOR

PEOPLE

1
2
3
4
5
6
7

PLACES

1
2
3
4
5
6
7

MEMORIES

1
2
3
4
5
6
7

PERSONAL MILESTONES

1
2
3
4
5
6
7

WORK LIFE

1
2
3
4
5
6
7

OTHER

1
2
3
4
5
6
7

Gratitude LOG

MONTH :

DAY	TODAY I AM GRATEFUL FOR:
1	
2	
3	
4	
5	
6	
7	
8	
9	
10	
11	
12	
13	
14	
15	
16	
17	
18	
19	
20	
21	
22	
23	
24	
25	
26	
27	
28	
29	
30	
31	

SLEEP LOG

YEAR: MONTH:

DAY	HOURS SLEPT	NOTES
1	7 8 9 10 11 12 1 2 3 4 5 6 7 8 9 10 11 12 13	
2	7 8 9 10 11 12 1 2 3 4 5 6 7 8 9 10 11 12 13	
3	7 8 9 10 11 12 1 2 3 4 5 6 7 8 9 10 11 12 13	
4	7 8 9 10 11 12 1 2 3 4 5 6 7 8 9 10 11 12 13	
5	7 8 9 10 11 12 1 2 3 4 5 6 7 8 9 10 11 12 13	
6	7 8 9 10 11 12 1 2 3 4 5 6 7 8 9 10 11 12 13	
7	7 8 9 10 11 12 1 2 3 4 5 6 7 8 9 10 11 12 13	
8	7 8 9 10 11 12 1 2 3 4 5 6 7 8 9 10 11 12 13	
9	7 8 9 10 11 12 1 2 3 4 5 6 7 8 9 10 11 12 13	
10	7 8 9 10 11 12 1 2 3 4 5 6 7 8 9 10 11 12 13	
11	7 8 9 10 11 12 1 2 3 4 5 6 7 8 9 10 11 12 13	
12	7 8 9 10 11 12 1 2 3 4 5 6 7 8 9 10 11 12 13	
13	7 8 9 10 11 12 1 2 3 4 5 6 7 8 9 10 11 12 13	
14	7 8 9 10 11 12 1 2 3 4 5 6 7 8 9 10 11 12 13	
15	7 8 9 10 11 12 1 2 3 4 5 6 7 8 9 10 11 12 13	
16	7 8 9 10 11 12 1 2 3 4 5 6 7 8 9 10 11 12 13	
17	7 8 9 10 11 12 1 2 3 4 5 6 7 8 9 10 11 12 13	
18	7 8 9 10 11 12 1 2 3 4 5 6 7 8 9 10 11 12 13	
19	7 8 9 10 11 12 1 2 3 4 5 6 7 8 9 10 11 12 13	
20	7 8 9 10 11 12 1 2 3 4 5 6 7 8 9 10 11 12 13	
21	7 8 9 10 11 12 1 2 3 4 5 6 7 8 9 10 11 12 13	
22	7 8 9 10 11 12 1 2 3 4 5 6 7 8 9 10 11 12 13	
23	7 8 9 10 11 12 1 2 3 4 5 6 7 8 9 10 11 12 13	
24	7 8 9 10 11 12 1 2 3 4 5 6 7 8 9 10 11 12 13	
25	7 8 9 10 11 12 1 2 3 4 5 6 7 8 9 10 11 12 13	
26	7 8 9 10 11 12 1 2 3 4 5 6 7 8 9 10 11 12 13	
27	7 8 9 10 11 12 1 2 3 4 5 6 7 8 9 10 11 12 13	
28	7 8 9 10 11 12 1 2 3 4 5 6 7 8 9 10 11 12 13	
29	7 8 9 10 11 12 1 2 3 4 5 6 7 8 9 10 11 12 13	
30	7 8 9 10 11 12 1 2 3 4 5 6 7 8 9 10 11 12 13	
31	7 8 9 10 11 12 1 2 3 4 5 6 7 8 9 10 11 12 13	

Self Care CHECKLIST
DECEMBER

MORNING ROUTINE

1 2 3 4 5 6 7 8 9 10 11 12 13 14 15 16 17 18 19 20 21 22 23 24 25 26 27 28 29 30 31

AFTERNOON ROUTINE

1 2 3 4 5 6 7 8 9 10 11 12 13 14 15 16 17 18 19 20 21 22 23 24 25 26 27 28 29 30 31

EVENING ROUTINE

1 2 3 4 5 6 7 8 9 10 11 12 13 14 15 16 17 18 19 20 21 22 23 24 25 26 27 28 29 30 31

MONTHLY REFLECTION

Monthly MOOD LOG

ASSIGNED COLOR CODES

HAPPY	SAD	TIRED

SICK	STRESSED	DEPRESSED

EXCITED	ANGRY	NERVOUS

ENERGETIC	FOCUSED	MOTIVATED

MONTH

1 2 3 4 5 6 7 8 9 10 11 12 13 14 15 16 17 18 19 20 21 22 23 24 25 26 27 28 29 30 31

Gratitude TRACKER

USE THE STEPPING BLOCKS BELOW TO FILL IN
THE DAYS WHERE YOU FELT GRATEFUL.

MONTH:

Level 10 LIFESTYLE

FAMILY & FRIENDS	PERSONAL GROWTH	CAREER/BUSINESS

CONTRIBUTION/GIVING	ROMANCE	FINANCES

ENVIRONMENT	SPIRITUALITY	HEALTH/FITNESS

Workouts
✦ 31 DAY PLANNER ✦

FOCUS

| MONTH | JAN | FEB | MAR | APR | MAY | JUN | JUL | AUG | SEP | OCT | NOV | DEC |

TOP WORKOUT GOALS

FAVORITE WORKOUTS

NOTES

DATE	WORKOUT SUMMARY	TIME	✓
1.			
2.			
3.			
4.			
5.			
6.			
7.			
8.			
9.			
10.			
11.			
12.			
13.			
14.			
15.			
16.			
17.			
18.			
19.			
20.			
21.			
22.			
23.			
24.			
25.			
26.			
27.			
28.			
29.			
30.			
31.			

GRATEFUL *Heart*

WHAT I AM MOST GRATEFUL FOR

PEOPLE

1
2
3
4
5
6
7

PLACES

1
2
3
4
5
6
7

MEMORIES

1
2
3
4
5
6
7

PERSONAL MILESTONES

1
2
3
4
5
6
7

WORK LIFE

1
2
3
4
5
6
7

OTHER

1
2
3
4
5
6
7

Gratitude LOG

MONTH :

DAY — TODAY I AM GRATEFUL FOR:

1
2
3
4
5
6
7
8
9
10
11
12
13
14
15
16
17
18
19
20
21
22
23
24
25
26
27
28
29
30
31

SLEEP LOG

YEAR:　　　　MONTH:

DAY	HOURS SLEPT	NOTES
1	7 8 9 10 11 12 1 2 3 4 5 6 7 8 9 10 11 12 13	
2	7 8 9 10 11 12 1 2 3 4 5 6 7 8 9 10 11 12 13	
3	7 8 9 10 11 12 1 2 3 4 5 6 7 8 9 10 11 12 13	
4	7 8 9 10 11 12 1 2 3 4 5 6 7 8 9 10 11 12 13	
5	7 8 9 10 11 12 1 2 3 4 5 6 7 8 9 10 11 12 13	
6	7 8 9 10 11 12 1 2 3 4 5 6 7 8 9 10 11 12 13	
7	7 8 9 10 11 12 1 2 3 4 5 6 7 8 9 10 11 12 13	
8	7 8 9 10 11 12 1 2 3 4 5 6 7 8 9 10 11 12 13	
9	7 8 9 10 11 12 1 2 3 4 5 6 7 8 9 10 11 12 13	
10	7 8 9 10 11 12 1 2 3 4 5 6 7 8 9 10 11 12 13	
11	7 8 9 10 11 12 1 2 3 4 5 6 7 8 9 10 11 12 13	
12	7 8 9 10 11 12 1 2 3 4 5 6 7 8 9 10 11 12 13	
13	7 8 9 10 11 12 1 2 3 4 5 6 7 8 9 10 11 12 13	
14	7 8 9 10 11 12 1 2 3 4 5 6 7 8 9 10 11 12 13	
15	7 8 9 10 11 12 1 2 3 4 5 6 7 8 9 10 11 12 13	
16	7 8 9 10 11 12 1 2 3 4 5 6 7 8 9 10 11 12 13	
17	7 8 9 10 11 12 1 2 3 4 5 6 7 8 9 10 11 12 13	
18	7 8 9 10 11 12 1 2 3 4 5 6 7 8 9 10 11 12 13	
19	7 8 9 10 11 12 1 2 3 4 5 6 7 8 9 10 11 12 13	
20	7 8 9 10 11 12 1 2 3 4 5 6 7 8 9 10 11 12 13	
21	7 8 9 10 11 12 1 2 3 4 5 6 7 8 9 10 11 12 13	
22	7 8 9 10 11 12 1 2 3 4 5 6 7 8 9 10 11 12 13	
23	7 8 9 10 11 12 1 2 3 4 5 6 7 8 9 10 11 12 13	
24	7 8 9 10 11 12 1 2 3 4 5 6 7 8 9 10 11 12 13	
25	7 8 9 10 11 12 1 2 3 4 5 6 7 8 9 10 11 12 13	
26	7 8 9 10 11 12 1 2 3 4 5 6 7 8 9 10 11 12 13	
27	7 8 9 10 11 12 1 2 3 4 5 6 7 8 9 10 11 12 13	
28	7 8 9 10 11 12 1 2 3 4 5 6 7 8 9 10 11 12 13	
29	7 8 9 10 11 12 1 2 3 4 5 6 7 8 9 10 11 12 13	
30	7 8 9 10 11 12 1 2 3 4 5 6 7 8 9 10 11 12 13	
31	7 8 9 10 11 12 1 2 3 4 5 6 7 8 9 10 11 12 13	

Gratitude LOG

MONTH :

DAY — TODAY I AM GRATEFUL FOR:

1
2
3
4
5
6
7
8
9
10
11
12
13
14
15
16
17
18
19
20
21
22
23
24
25
26
27
28
29
30
31

Lightning Source UK Ltd.
Milton Keynes UK
UKHW031126120620
364905UK00003B/175